Ludwig Waldmüller

BETEN

Beten neu entdecken

benno

LIEBE LESERIN
LIEBER LESER

ich hätte es nie geglaubt! Vor einigen Jahren habe ich einmal mit meiner 8. Klasse in der Realschule den Rosenkranz durchgenommen. Nicht nur dass wir uns überlegt haben, was dieses gemeinsame Meditieren von Gebeten bedeuten könnte, wir haben auch genau angesehen, was, wann, wie gebetet wird, welche Perle welche Bedeutung hat und so weiter. Und dann habe ich die Schülerinnen gefragt, ob sie – ich traute es mich gar nicht richtig! – nicht Lust hätten, einmal einen ganzen Rosenkranz zu beten. Es war verrückt: Sie waren allesamt dafür. In der nächsten Stunde also trafen wir uns im Meditationsraum. Jede hatte einen Rosenkranz dabei (zum Teil von der Oma ausgeliehen), und wir beteten den Rosenkranz. Nach anfänglichen Schwierigkeiten, den Rhythmus des gemeinsamen Gebets zu finden, klappte es hervorragend. Als wir fertig waren und alle das Kreuzzeichen gemacht hatten, war es mucksmäuschenstill. Die Reaktionen auf das gemeinsame Gebet waren beeindruckend: „super", „chillig", „mitreißend" waren nur wenige der Beschreibungen, die die jungen Leute für das Gebet fanden. Und sie waren ausnahmslos der Meinung, dass das eine sehr gute Erfahrung für sie gewesen sei.

Ich habe diese Erfahrung nicht vergessen: Der Rosenkranz ist mir selbst sehr wichtig, aber er gilt doch gemeinhin nicht als die modernste Form des Gebets. Und doch: Die jungen Frauen der Schulklasse haben mir bewiesen: Gebet ist aktuell, Gebet ist wichtig, Gebet ist für jeden Menschen eine Chance. Und deshalb möchte ich Ihnen mit diesem kleinen Büchlein eine Hilfestellung fürs Gebet geben. Es ist ein weites Feld – und doch ganz einfach: So viele Formen und Farben es im Gebet gibt, es geht doch vor allem darum, mit Gott in Zwiesprache zu treten. Zu Gott zu sprechen und auf ihn zu hören. Damit aber geht es um die wichtigste Beziehung, die wir Menschen haben, die nämlich zu unserem Schöpfer. Mit Ihnen gemeinsam möchte ich ein paar Zugangswege zum Dialog mit Gott gehen.

Ihr
Ludwig Waldmüller, Pfarrer

1. BETEN – WAS IST DAS EIGENTLICH?

Die vielleicht einfachste Definition: Beten ist das Hinwenden des Menschen auf Gott. Das kann in ganz verschiedenen Arten geschehen. Da ist die Stille und das Schweigen vor dem großen und allmächtigen Schöpfer, das schweigende Meditieren. Da ist der jubelnde und dankende Lobpreis, der die Wundertaten Gottes besingt. Da ist das bittende und flehende Anrufen Gottes um seinen Beistand. Da ist das Rezitieren von festen Gebeten wie dem Vaterunser, das Singen von Psalmen, das Beten des Rosenkranzes. Da ist die Anbetung vor dem Allerheiligsten. Da ist die Feier der Eucharistie. Da ist das Stundengebet. Da ist das schweigende Gehen von Meditationswegen. Der Formen sind viele, aber es geht immer um die Zwiesprache mit Gott. Er, der dreifaltige Gott, ist eine Person, ein Gegenüber, das mit uns eine Beziehung führen möchte. Die Grundlage jeder Beziehung ist aber, dass man miteinander im Kontakt und im Gespräch ist. Genau das aber ist das Gebet. Der Mensch ist auf der Suche nach Gott. Davon zeugen alle Religionen. Auch die Bibel erzählt davon.

Das Wort „Gebet" ist verwandt mit dem „bitten". Das wiederum könnte einem den Eindruck vermitteln, beim

Beten gehe es vor allem darum, Gott die eigenen Wünsche, Sehnsüchte und Anliegen vorzutragen. Aber die Bibel, die Offenbarung Gottes, spricht da eine andere Sprache: Zuerst ist es immer Gott, der den Menschen ruft und nach ihm sucht. Die Antwort auf den Anruf Gottes aber ist dann das Gebet, eben das Gespräch, das der Mensch mit Gott führt. Gebet ist also Antwort auf die Ansprache durch Gott. Wer betet, hat erfahren, dass es Gott gibt – und wenn er nur erfahren hat, dass er mit seinen Anliegen und Sorgen zu jemandem kommen kann. Betende Menschen sind Personen, die in ihrem Leben über die sichtbare Welt hinaus greifen und in eine weitere und größere Dimension hinein fassen. Man spricht immer wieder davon, dass der Mensch sich „transzendiert", also über sich selbst hinausgeht. Genau das geschieht im Gebet. Wer betet, verlässt den normalen Alltag und die Begrenztheit seines Daseins. Gebet also ist auf verschiedene Weise möglich. Und es trägt den Menschen zu Gott hin, der ihn zu sich ruft.

> **Betende Menschen greifen in ihrem Leben über die sichtbare Welt hinaus.**

2. BETENDE IN DER BIBEL

Von Abraham wird im Buch Genesis in der Bibel berichtet, dass er von Gott gerufen wird. Er lässt sich von Gott in ein neues Land führen, das der Herr ihm verspricht. Dabei ist er vor allem eine Person, die in ihrem Herzen auf Gott hört und darauf antwortet. Er tut, was Gott von ihm möchte. Einmal wird erzählt, dass Gott bei Abraham zu Besuch kommt – in der Gestalt von drei Männern – und dass Abraham Gott bewirtet (Gen 18,1-15). Für mich ist das eine schöne Umschreibung des Gebets: Abraham macht in seinem Leben Platz für Gott, lässt ihn hinein und heißt ihn willkommen.

Abraham wird auch einmal mit Gott handeln, nämlich als er vor Sodom steht und Gott die Stadt vernichten möchte. Für Abraham ist die Begegnung und die Unterhaltung mit Gott etwas ganz Natürliches und ins Leben hinein Gehörendes. So muss Gebet sein: Nicht vom Leben getrennt, sondern mittendrin, ein Teil des Alltags. Dann kann es eine echte Beziehung zu Gott werden.

Ein anderer großer Beter des Alten Testaments ist Mose. Er führt das Volk Israel aus der ägyptischen Knechtschaft hinaus in das neue Land. In dieser Funktion aber wird Mose zum fürbittenden und vermittelnden Beter.

Er steht vor Gott und trägt ihm die Anliegen und Sorgen der Menschen seines Volkes vor. Gleichzeitig erfährt er von Gott so einiges, was er dem Volk weiterzugeben hat, nicht zuletzt die Zehn Gebote. Einmal heißt es: „Der Herr und Mose redeten miteinander Auge in Auge, wie Menschen miteinander reden" (Gen 33,11). Mose bleibt immer wieder lang auf dem Berg, auf dem er Gott begegnet, und spricht mit Gott. Er ist das Beispiel für betrachtendes Gebet, mit dem sich der Mensch ganz in Gott versenken kann. Aber Mose ist eben auch der Fürbitter, derjenige, der für das störrische und abtrünnige Volk eintritt. Er kann dabei recht kühn und forsch werden in seinen Gebeten – und ermutigt damit auch uns, Gott zu bestürmen und ihm unsere Sorgen und Anliegen vorzutragen.

Das Gebet ist ein ständiges Hören auf Gott.

Wieder ein anderer Beter der Heiligen Schrift ist der König David, dem viele der Psalmen zugeschrieben werden. Sein Beten ist ein lobpreisendes Singen und ein Jubeln über die Taten Gottes. Aber er kann in seinen Gebeten auch klagen, schimpfen und um Vergebung bitten.

Und dann sind da die Propheten in der Bibel, die im Auftrag Gottes reden. Die Bekehrung der Herzen möchten sie im Volk: Reine Herzen, ehrliche Begegnung mit Gott erfordern sie. Sie ermahnen immer wieder dazu, Gott die erste Stelle zu geben, im Gebet sich an Gott zu wenden und auf ihn zu hören.

Der Beter schlechthin ist aber Jesus. Immer wieder wird berichtet, dass er sich an einen einsamen Ort zurückzieht und betet. Manchmal nimmt er einige seiner Jünger mit, manchmal geht er ganz allein. Einmal, so wird berichtet, sehen die Jünger Jesus beten, und genau deshalb bitten sie ihn: „Herr, lehre uns beten!" (Lk 11,1). Jesus bittet immer wieder für die Seinen – am beeindruckendsten ist dies im so genannten Hohepriesterlichen Gebet (Joh 17) zu lesen. Er kann aber auch im Gebet seine ganze Angst und Sorge zum Vater bringen, wie im Garten Getsemani. Aus dem Gebet schöpft Jesus die Kraft für sein Leiden und für seine gesamte Sendung.

Er spricht auch immer wieder vom Beten: Jesus möchte nicht, dass das Gebet zur Selbstdarstellung oder zum

Jesus möchte, dass das Herz dabei ist.

Herunterrasseln von unbedachten Texten wird, sondern dass das Herz dabei ist (Mt 6). Sein Gebet ist das Vaterunser, das er den Menschen beibringt. Darin kommt die Beziehung zu Gott, die Liebe, besonders zum Ausdruck, wenn Gott eben „Vater" genannt wird. Es ist ein Lobgebet, das den Namen Gottes „heiligen" will, ein Hoffnungszeichen, das vom kommenden Reich Gottes spricht, ein vertrauendes Sichausrichten auf Gott, wenn Gottes Wille geschehen soll, aber es ist auch ein Bitten um das, was wir Menschen im Leben brauchen – und es ist letztlich die Bereitschaftserklärung, die Liebe Gottes im Leben umzusetzen, wenn wir vergeben, wie wir auch um Vergebung bitten.

> **Vater unser im Himmel!**
> **Geheiligt werde dein Name.**
> **Dein Reich komme.**
> **Dein Wille geschehe,**
> **wie im Himmel, so auf Erden.**
> **Unser tägliches Brot gib uns heute.**
> **Und vergib uns unsere Schuld,**
> **wie auch wir vergeben unsern Schuldigern.**
> **Und führe uns nicht in Versuchung,**
> **sondern erlöse uns von dem Bösen.**
> **Denn dein ist das Reich**
> **und die Kraft und die Herrlichkeit**
> **in Ewigkeit. Amen.**

Der Gott Jesus zeigt in seinem Beten, dass er ganz Mensch ist und die Beziehung des Menschen zu Gott miterlebt. Seine letzten Worte, die am Kreuz von ihm gesprochen werden, sind ein Zeugnis dafür, wie gerade in der Not und der Dunkelheit, in der Angst und der Verlorenheit, das Gebet zum Halt werden kann. So sagt er beispielsweise: „Vater, vergib ihnen, denn sie wissen nicht, was sie tun" (Lk 23,34). Er klagt wie so viele, die vom Schicksal gezeichnet sind: „Mein Gott, mein Gott, warum hast du mich verlassen?" (Mk 15,34). Er spricht mit der Zuversicht dessen, der weiß, dass er von Gott getragen wird: „Vater, in deine Hände lege ich meinen Geist" (Lk 23,46).

Jesus ruft dazu auf, unablässig zu beten.

Immer wieder zeigt Jesus, wie die Gebete erhört werden – wenn er beispielsweise im Gebet sagt: „Vater, ich danke dir, dass du mich erhört hast" (Joh 11,41). In mehreren Gleichnissen spricht Jesus vom erhörten Gebet: Das erste handelt vom aufdringlichen Freund (Lk 11,5-13) und fordert zu inständigem Gebet auf. Das zweite erzählt von der zudringlichen Witwe (Lk 18,1-8); diese Geschichte ruft dazu auf, in gläubiger Geduld unablässig zu beten, nicht mit dem Beten aufzuhören. Das wiederholt Jesus immer wieder. Und das dritte Gleichnis ist jenes vom Pharisäer und vom Zöllner (Lk 18,9-14). Jesus zeigt damit, dass es beim Beten darauf ankommt, ein demütiges Herz zu haben.

3. FORMEN DES GEBETS

Die Formen des Gebets sind sehr verschieden. Einige, die mir als sehr hilfreich erscheinen, möchte ich näher erläutern.

Anbetung
Die erste Form und gleichzeitig die Hochform des Gebets ist die Anbetung. Sie ist die Haltung, vor dem heiligen und allmächtigen Gott in Stille und Ehrfurcht da zu sein, zu hören und zu danken. In unserer Kirche hat sich die Eucharistische Anbetung als eine ganz besonders herausragende Form der Anbetung etabliert. Das bedeutet, dass der Leib Christi den Betenden gezeigt wird – üblicherweise in einem Zeigegerät, der Monstranz oder dem Ostensorium. Bei der Anbetung, geht es darum, in der Gegenwart Gottes zu sein und sich von diesem Gott ansprechen zu lassen.
Eine Geschichte verdeutlicht das gut: Der heilige Pfarrer Johannes Maria Vianney geht durch seine Kirche. In einer Bank nimmt er einen einfachen Bauern wahr, der sich stundenlang dort aufhält, ohne Buch oder Rosenkranz in den Händen, aber den Blick unablässig zum Altar gewandt. Der Pfarrer fragt ihn: „Was tust du denn hier?" Die Antwort: „Ich schaue ihn an, und er schaut

mich an. Das ist genug." Genau das ist die Erfahrung in der Anbetung: Gott und Mensch in direktem Kontakt. Was aber ganz einfach klingt, ist alles andere als so schnell zu erlernen.

Um anbeten zu „können", muss man eine Liebe zur Stille und zur Betrachtung entwickeln. Mir selbst hilft in der Anbetung sehr, mir wirklich bewusst zu machen, dass ich jetzt ganz bei Gott sein darf. Ich mache mir zu Beginn der Anbetung dieses „Vor-Gott-Sein" immer direkt bewusst, indem ich ihm genau das sage: „Danke, Herr, dass ich jetzt bei dir sein darf und dass du bei mir bist. Ich bringe dir mich und mein ganzes Leben mit. Und ich freue mich, dass ich so angenommen und geliebt bin, wie ich nun einmal hier bin." Der Blick auf eine Stelle, auf das Allerheiligste, wenn es denn da ist, kann sehr viel helfen, um langsam in die Ruhe und die Stille eintreten zu können. Wenn die Augen ständig umherirren, ist auch der Geist abgelenkt und unruhig. Auch das Schließen der Augen kann eine gute Lösung sein. Allerdings besteht da oft die Gefahr, dass die Gedanken dann wieder in alle möglichen Richtungen abdriften. Letztlich muss jeder seinen eigenen Weg finden, sich auf die Anbetung zu konzentrieren.

Aus der Tradition des Mönchtums stammt das Jesusgebet. Bei dieser Gebetsform wiederholt man in Gedanken immer wieder ein kurzes Gebet oder eine Bibelstelle. Ich orientiere mich dabei immer an meinem Atem – einatmen, ausatmen – und dazu spreche ich in Gedanken „Jesus Christus". Oder ich nehme den Satz „Jesus, Sohn Davids, erbarme dich meiner." Ein Franziskanerpater hat mir, als er mir diese Form des Gebets beigebracht hat, am Anfang einfach das hebräische Wort „shalom", Friede, empfohlen. Man kann natürlich auch ganz andere Sätze verwenden wie etwa „Herr Jesus Christus, steh mir bei." Letztlich ist dieses Jesusgebet natürlich nicht auf die Anbetung allein beschränkt, man kann es auch im Alltag praktizieren, man kann es auch an anderen Orten und in anderen Situationen üben. Als Ruhegebet wird es in einer einfacheren Form, die auch keine besondere Haltung oder ähnliches empfiehlt, in den letzten Jahren immer bekannter.

Herr Jesus Christus, steh mir bei.

Eine andere Form der Anbetung kann sein, tatsächlich in die Stille und das Schweigen

Jesus I love you

einzutauchen und die Gedanken gehen zu lassen. Einfach vor Gott anwesend zu sein und an nichts anderes zu denken, auf ihn zu schauen und auf ihn zu hören, seine Gegenwart zu genießen.

Wieder eine andere Möglichkeit ist, mit einer Bibelstelle in die Anbetung zu gehen. Das bedeutet, dass man am Anfang der Anbetung oder schon vorher einen Bibeltext liest und Gott um seinen Geist bittet. Dieser Text kann dann in der Zeit des stillen Daseins vor Gott in unserem Geist arbeiten. Immer wieder wird der eine oder andere Satz auftauchen. Die Gedanken werden damit spielen, und Gott kann seine Stimme in unserem Herzen hörbar machen.

In der Stille der Anbetung können aber auch andere Texte eine große Rolle spielen. Es gibt viele Hilfen zur Anbetung, viele Texte, die die Größe Gottes preisen und ihm danken. Gerade die Psalmen sind eine tiefgehende Sammlung von Gebeten, die in der Anbetung, im Sein vor Gott, ihren Platz haben können.

Gebet mit einer Bibelstelle

Das Wort Gottes spielt beim Gebet natürlich eine herausragende Rolle. Hier kommt es auf eine spezielle Weise zum Zwiegespräch mit Gott, weil sein Wort im Mittelpunkt des Gebets steht. Man kann die Bibel natürlich auf ganz verschiedene Arten in das Gebet integrieren, beispielsweise indem man einzelne Verse herausgreift. Oder indem man sie am Stück liest und darüber nachdenkt. Indem man mit Psalmen betet. Der heilige Ignatius von Loyola hat in seinem Exerzitienbüchlein eine genaue Beschreibung der Meditation über eine Bibelstelle vorgeschlagen, die ich sehr hilfreich finde. Sie besteht aus mehreren Schritten und ist deshalb eine gute Anweisung, der man folgen kann.

Der **erste Schritt** ist bei Ignatius das Vorbereitungsgebet. Ignatius schreibt in seinen Exerzitien, man solle „von Gott, unserem Herrn, die Gnade erbitten dazu hin, dass alle meine Absichten, Handlungen und Beschäftigungen rein im Dienst und in der Verherrlichung seiner Göttlichen Majestät geordnet seien". Das Gebet mit der Bibelstelle beginnt also mit einer direkten Ansprache an Gott. Es hilft so, sich direkt auf Gott auszurichten, ihn um seinen Geist zu bitten und sich ganz ihm zu öffnen.

Der **zweite Schritt** ist die „Zurichtung des Schauplatzes". Es geht darum, sich in der Fantasie den Ort vorzustellen, an dem die Bibelstelle gerade spielt. Also beispielsweise den Tempel, einen Berg, die Landschaft, in der das Ganze sich ereignet, das Haus, in dem man zusammen ist … Dabei geht es nicht um große Fantasiereisen oder ähnliches, sondern darum, den gelesenen Text wirklich zu sehen und zu erleben. Es ist also wie das Aufschlagen eines Bilderbuchs oder das Öffnen eines Fensters, um den biblischen Text besser verstehen zu können. Ein Jesuitenpater hat einmal zu mir gesagt, man müsse die „Schweine von Gerasa riechen" können, also ganz in die Stelle eintauchen, um mitzuerleben, was da gerade passiert und erzählt wird.

> Man muss die „Schweine von Gerasa riechen" können.

Als **dritten Schritt** sollte man nun um eine besondere Gnade bitten. Zum Beispiel sagt Ignatius bei der Betrachtung über die Passion, man solle bitten um „Leid, Ergriffenheit und Beschämung, denn um meiner Sünden willen geht der Herr zum Leiden", oder bei der Betrachtung über die Menschwerdung solle man bitten um „die innere Erkenntnis des Herrn, der für mich Sich zum Menschen gemacht hat, dazu hin, dass ich jeweils mehr Ihn liebe und Ihm nachfolge".

> Was passiert da?
> Wer verhält sich wie?
> Was spricht mich an?

Der **vierte Schritt** ist die eigentliche Betrachtung des Bibeltexts. Was passiert da? Wer handelt? Wer verhält sich wie? Was spricht mich an? Dabei kann man auch die eigene Lebenserfahrung, die eigenen Erlebnisse mit hinein nehmen. Es geht aber darum, ruhig die Einzelheiten des Texts im Gesamten zu meditieren.

Der **fünfte Schritt** ist schließlich noch einmal ein direkter Dialog mit Gott. In einem echten Zwiegespräch danke ich ihm für diesen Moment des Bibellesens. Ich bespreche mit ihm meine Erkenntnisse. Ich spreche aus, was ich mir vornehme, was ich erkannt habe …

Der **sechste Schritt** ist der Abschluss, am besten mit dem Vaterunser. Man kann auch ein anderes Gebet sprechen, aber dieses bietet sich natürlich besonders an. Danach ist es – nach einer Zeit der Ruhe – durchaus sinnvoll, die Gebetszeit noch einmal Revue passieren zu lassen und sich zu fragen, was man denn nun an Ansprache Gottes erfahren hat.

Beten, das den Tag gliedert

Das Gebet der Kirche, das von Priestern und Ordensleuten, aber auch von vielen anderen täglich gebetet wird, ist das so genannte Stundengebet. Zu verschiedenen Zeiten am Tag werden Psalmen, Hymnen und andere Bibeltexte gebetet, die den Tag gliedern und der betenden Person Halt geben sollen. Am Morgen steht die Lesehore, die auch in der Nacht gebetet werden kann und die neben einer Bibellesung auch einen Text aus der Tradition der Kirche bringt. Das Morgengebet der Kirche nennt man die „Laudes". Die „kleine Hore" kommt zu einer bestimmten Zeit am Tag, entweder gegen neun Uhr (dann heißt sie „Terz"), gegen Mittag (die „Sext") oder gegen nachmittags um drei (die „Non"). Das Abendgebet nennt sich „Vesper", und als Tagesabschluss wird die „Komplet", das Nachtgebet, gebetet.

Das Stundengebet will den Tag gliedern und das Tun des Menschen den Tag über heiligen. Auch nur einzelne

Teile des Stundengebets, wie etwa die Laudes und die Vesper, sind sinnvoll, um dem Tag eine Struktur zu geben. Mittlerweile gibt es viele Menschen, die sich mit den anderen durch das Stundengebet verbinden. Das ist einer der faszinierenden Gedanken, die mit diesem Gebet zu tun haben: Das Stundengebet bringt viele Betende zusammen, die überall auf der Welt die gleichen Gebete sprechen. Das „Stundenbuch" gibt es auch in einer Kleinausgabe, mit der man erste Schritte des Gebets der Kirche gehen kann. Auch einige andere Angebote des vereinfachten Stundengebets gibt es, die man beispielsweise auch als Abonnement bestellen kann. Und im Zeitalter von Smartphones gibt es mittlerweile auch sehr hilfreiche Stundenbuch-Apps.

Auch ohne die Texte des Stundengebets zu verwenden, ist es sehr gut, den Tag durch Gebetszeiten zu gliedern. Ein Gebet am Morgen nach dem Aufstehen und bevor es ans Tagewerk geht, eines am Mittag, wenn die Pause ansteht, und eines am Abend, wenn der Tag hinter einem liegt, bringt den ganzen Rhythmus des eigenen Lebens mit Gott in Kontakt. Dabei ist es gut, persönliche und freie Gebete zu sprechen, genauso wie es sich anbietet, vorformulierte Morgen- und Abendgebete zu verwenden. Es ist wieder dieser Gedanke: Das Gebet ist die Zwiesprache mit Gott, und wenn ich eine echte Beziehung mit ihm führen möchte, dann kann und soll er auch Platz haben in meinem Leben, in meinem Alltag …

Stoßgebete

Als Stoßgebete bezeichnet man kurze Gebete, die man irgendwann am Tag einflechten kann. Der heilige Paulus schreibt: „Hört nicht auf, zu beten und zu flehen! Betet jederzeit im Geist" (Eph 6,18). Da ist viel möglich. Der heilige Johannes Cassian, ein Kirchenvater aus der Antike, empfiehlt zum Beispiel immer wieder den Satz zu beten „O Gott, komm mir zu Hilfe, Herr, eile mir zu helfen." So ein Stoßgebet, mittendrin in Gedanken gebetet, bringt mich im Alltag mit Gott in Beziehung. So wie ich einem Freund oder einer Freundin eine schnelle SMS schicke. Immer wieder einmal an Gott zu denken und ihn ins Leben hineinzulassen, verändert etwas am eigenen Tun. Dabei sind die Stoßgebete ganz unterschiedlich. Beispielsweise sind das so kurze Sätze wie: „Jesus, ich vertraue auf dich." Oder „Gelobt sei Jesus Christus." Stellen Sie sich vor, wie schnell sich Ihre Stimmung hebt, wenn Sie gerade dann, wenn Sie im Straßenverkehr, im Büro oder sonstwo genervt sind, schnell ein solches Gebet sprechen. Das verändert die Situation mit einem Mal! Oder auch in Not sind kurze Gebete sinnvoll – wenn ich etwas Schwieriges zu tun habe, wenn ich weiß, mir begegnet jetzt etwas, das mir nicht leicht fallen wird: „Jesus, Gottes Sohn, erbarme dich meiner!" Oder „Höre meine Worte, Herr, achte auf mein Seufzen!" (Ps 5,2), „Höre, Herr, erbarme dich!" (Bar 3,2), „Herr, hab mit

> **Hört nicht auf, zu beten und zu flehen!**

uns Erbarmen; denn wir hoffen auf dich. Sei uns ein helfender Arm an jedem Morgen, sei in der Not unsere Rettung!" (Jes 33,2) ...

Der Rosenkranz
Eine besondere Form der Meditation, die die christliche Tradition kennt, ist der Rosenkranz. Die Perlen, die an einer Kette aufgereiht sind und für einzelne Gebete stehen („Vaterunser", „Gegrüßet seist du, Maria" und „Ehre sei dem Vater") sollen helfen, in eine Betrachtung über das Leben Jesu zu kommen. Mir persönlich hilft der Rosenkranz ungemein, zur Ruhe zu kommen. Und er ist die Form, miteinander zu meditieren, was man ja sonst meist nur nebeneinander tun kann. Das ruhige und beständige Wiederholen der Gebete lässt den Geist und die Gedanken ruhig werden und gibt den Blick frei für den Herrn.

> Das beständige Wiederholen lässt den Geist ruhig werden.

Ich erinnere mich noch an eine Audienz, die Papst Johannes Paul II. einmal für Jugendliche der Diözese Rom anlässlich des Diözesanen Weltjugendtags gegeben hatte. Damals schenkte er auf dem Petersplatz allen anwesenden Jugendlichen einen Rosenkranz. Damals sagte uns der Papst, wir sollten den Rosenkranz doch auch unterwegs beten, im Bus, beim Spazierengehen oder wo auch immer. Diese Anregung habe ich für mich angenommen, und das ist wirklich eine hervorragende Sache – auch so kann eine Zwiesprache mit Gott mitten im Alltag geschehen.

Der Rosenkranz meditiert die unterschiedlichsten Geheimnisse des Lebens Jesu. Dabei nehmen die fünf Teile des Gebets, die so genannten Gesätze, jeweils ein Er-

eignis heraus. Die einzelnen Sätze werden entweder am Beginn des jeweiligen Gesätzes angesagt und gegebenenfalls kurz erläutert oder man fügt sie in das „Gegrüßet seist du, Maria" ein.

Es ist natürlich auch möglich, selbst eigene Geheimnisse zu formulieren. Außerdem haben sich immer wieder andere „Rosenkränze" entwickelt, also Gebetsformen, die den Rosenkranz als Leitfaden verwenden und mit anderen einzelnen Gebeten kombiniert werden, so beispielsweise der Barmherzigkeits-Rosenkranz, der Josefs-Rosenkranz oder auch der Christus-Rosenkranz.

Folgende Rosenkranzgeheimnisse gibt es:

Die **freudenreichen Geheimnisse** betrachten die Menschwerdung und das verborgene Leben Christi:
Jesus, den du, o Jungfrau, vom Heiligen Geist empfangen hast.
Jesus, den du, o Jungfrau, zu Elisabet getragen hast.
Jesus, den du, o Jungfrau, in Betlehem geboren hast.
Jesus, den du, o Jungfrau, im Tempel aufgeopfert hast.
Jesus, den du, o Jungfrau, im Tempel wiedergefunden hast.

Die **lichtreichen Geheimnisse** betrachten einige besonders bedeutende Momente des öffentlichen Lebens und Wirkens Jesu.
Jesus, der von Johannes getauft worden ist.
Jesus, der sich bei der Hochzeit in Kana offenbart hat.
Jesus, der uns das Reich Gottes verkündet hat.
Jesus, der auf dem Berg verklärt worden ist.
Jesus, der uns die Eucharistie geschenkt hat.

Die **schmerzhaften Geheimnisse** betrachten die Passion Christi:
Jesus, der für uns Blut geschwitzt hat.
Jesus, der für uns gegeißelt worden ist.
Jesus, der für uns mit Dornen gekrönt worden ist.
Jesus, der für uns das schwere Kreuz getragen hat.
Jesus, der für uns gekreuzigt worden ist.

Die **glorreichen Geheimnisse** betrachten die Auferstehung Christi:
Jesus, der von den Toten auferstanden ist.
Jesus, der in den Himmel aufgefahren ist.
Jesus, der uns den Heiligen Geist gesandt hat.
Jesus, der dich, o Jungfrau, in den Himmel aufgenommen hat.
Jesus, der dich, o Jungfrau, im Himmel gekrönt hat.

4. EINZELNE GEBETE

Es gibt natürlich eine Vielzahl von Gebeten. Hier sollen nur einige wenige stehen, die mir selbst besonders gut gefallen.

Spät habe ich dich geliebt, du Schönheit, so alt und doch so neu, spät habe ich dich geliebt! Und siehe, du warst im Innern, und ich war draußen und suchte dich dort; und ich, missgestaltet, verlor mich leidenschaftlich in die schönen Gestalten, die du geschaffen hast. Mit mir warst du und ich war nicht mit dir. Die Außenwelt hielt mich lange von dir fern; jedoch wenn diese nicht in dir gewesen wäre, so wäre sie überhaupt nicht gewesen. Du riefest und schriest und brachst meine Taubheit. Du schillertest, glänztest und schlugst meine Blindheit in die Flucht. Du wehtest, und ich schöpfte Atem und atme zu dir auf. Ich kostete dich und hungre und dürste. Du berührtest mich, und ich entbrannte in deinem Frieden.
Augustinus, Bekenntnisse

Mein Herr und mein Gott,
nimm alles von mir,
was mich hindert zu dir.

Mein Herr und mein Gott,
gib alles mir,
was mich fördert zu dir.

Mein Herr und mein Gott,
nimm mich mir
und gib mich ganz zu eigen dir.
Hl. Bruder Klaus von der Flüe

Herr, wie du willst, so soll mir gescheh'n
und wie du willst, so will ich geh'n;
hilf deinen Willen nur versteh'n!

Herr, wann du willst, dann ist es Zeit;
und wann du willst, bin ich bereit,
heut und in Ewigkeit.

Herr, was du willst, das nehm' ich hin,
und was du willst, ist mir Gewinn;

Genug, dass ich dein eigen bin.

Herr, weil du's willst, drum ist es gut;
und weil du's willst, drum hab' ich Mut.
Mein Herz in deinen Händen ruht!
Lieblingsgebet des sel. P. Rupert Mayer SJ

Höchster, glorreicher Gott,
erleuchte die Finsternis
meines Herzens
und schenke mir rechten Glauben,
gefestigte Hoffnung, vollendete Liebe
und tiefgründende Demut.
Gib mir, Herr,
das rechte Empfinden und Erkennen,
damit ich deinen heiligen und wahrhaften Auftrag erfülle,
den du mir in Wahrheit gegeben hast. Amen.
Berufungsgebet des hl. Franziskus von Assisi

Oh Herr, du weißt besser als ich, dass ich von Tag zu Tag älter und eines Tages alt sein werde.
Bewahre mich vor der Einbildung, bei jeder Gelegenheit und zu jedem Thema etwas sagen zu müssen.
Erlöse mich von der großen Leidenschaft, die Angelegenheiten anderer ordnen zu wollen.
Lehre mich, nachdenklich, aber nicht grüblerisch, hilfreich, aber nicht diktatorisch zu sein.
Bewahre mich vor der Aufzählung endloser Einzelheiten und verleihe mir Schwingen, zur Pointe zu gelangen.
Lehre mich schweigen über meine Krankheiten und Beschwerden. Sie nehmen zu, und die Lust, sie zu beschreiben, wächst von Jahr zu Jahr.

Ich wage nicht, die Gabe zu erflehen, mir die Krankheitsschilderungen anderer mit Freude anzuhören, aber lehre mich, sie geduldig zu ertragen.
Lehre mich die wunderbare Weisheit, dass ich mich irren kann. Erhalte mich so liebenswert wie möglich.
Lehre mich, an anderen Menschen unerwartete Talente zu entdecken, und verleihe mir, o Herr, die schöne Gabe, sie auch zu erwähnen.
Hl. Teresa von Ávila

O Heiliger Geist, du Liebe des Vaters und des Sohnes: Gib mir immer ein, was ich denken soll. Gib mir ein, was und wie ich es sagen soll. Gib mir ein, was ich verschweigen soll und wie ich mich dabei verhalten soll. Gib mir ein, was ich zur Ehre Gottes zum Wohl der Seelen und zu meiner eigenen Heiligung tun soll.
Heiliger Geist, gib mir Verstand, um zu verstehen und zu erkennen. Gib mir das Fassungsvermögen,
um alles zu behalten. Lehre mich die Methoden und gib mir die Fähigkeit, um immer wieder zu lernen. Gib mir Scharfsinn, um richtig zu deuten und zu unterscheiden. Gib mir die Gnade, um wirkungsvoll zu sprechen.
Heiliger Geist, gib mir Zuversicht und Treffsicherheit am Beginn; leite und führe mich bei der Ausführung und schenke mir Vollkommenheit beim Beenden. Amen.
Tägliches Gebet des hl. Papstes Johannes Paul II.

Fotonachweis
Titelbild: © Piotr Marcinski/shutterstock, Seite 2: © Picturen-etCorp/Fotolia, 5: © Iakov Kalinin/shutterstock, 6/7: © doris oberfrank-list/Fotolia, 8: © free photo/Fotolia, 10: © Joy Fera/Fotolia, 13: © c12/shutterstock, 14: © photocreo/Fotolia, 17: © gracel21/Fotolia, 16: © B-C-designs/Fotolia, 18: © ankiro/Fotolia, 19: © Julie Hagan/shutterstock, 20: © Ray Kasprzak/Fotolia, 23: © Piotr Marcinski/Fotolia, 25: © Kzenon/Fotolia, 27: © Xelissa/Fotolia, 28/29: © Samot/shutterstock, 30/31: © luchschen_shutter/Fotolia

Bibliografische Information der Deutschen Nationalbibliothek
Die Deutsche Nationalbibliothek verzeichnet diese
Publikation in der Deutschen Nationalbibliografie;
detaillierte bibliografische Daten sind im Internet unter
http://dnb.d-nb.de abrufbar.

Besuchen Sie uns im Internet:
www.st-benno.de

Gern informieren wir Sie unverbindlich und aktuell
auch in unserem Newsletter zum Verlagsprogramm,
zu Neuerscheinungen und Aktionen.
Einfach anmelden unter www.st-benno.de.

ISBN 978-3-7462-4196-8

© St. Benno Verlag GmbH, Leipzig
Umschlaggestaltung: Ulrike Vetter, Leipzig
Gesamtherstellung: Sabine Ufer, Leipzig (A)